OTTO KÜSTER

Probleme der Leistungsverwaltung

SCHRIFTENREIHE
DER JURISTISCHEN GESELLSCHAFT e.V. BERLIN

Heft 21

Berlin 1965

WALTER DE GRUYTER & CO.

vormals G. J. Göschen'sche Verlagshandlung · J. Guttentag, Verlagsbuchhandlung
Georg Reimer · Karl J. Trübner · Veit & Comp.

Probleme der Leistungsverwaltung

Von

Otto Küster

Rechtsanwalt in Stuttgart

Vortrag
gehalten vor der
Berliner Juristischen Gesellschaft
am 20. Januar 1965

Berlin 1965

WALTER DE GRUYTER & CO.

vormals G. J. Göschen'sche Verlagshandlung · J. Guttentag, Verlagsbuchhandlung
Georg Reimer · Karl J. Trübner · Veit & Comp.

Archiv-Nr. 2 727 65 5/6

Satz und Druck : $ Saladruck, Berlin 65

Probleme der Leistungsverwaltung beschäftigen den Wiedergutmachungsjuristen, sobald er das Bedürfnis empfindet, von der untersten Stufe, auf der er mit seiner Tagesarbeit angesiedelt ist, auf die nächstallgemeinere zu gelangen. Er hofft, dort werde er etwas freier atmen. Das Glück der Abstraktion hat freilich mit manchem anderen Glück gemein, daß es mit der immer wieder überraschenden Erkenntnis beginnt, bei den anderen, den Spezialisten der Nachbarbereiche, sehe es auch nicht viel wohnlicher aus. Auch dort enges Fürsichsein, das Gefühl nicht gut gesteuerter Arbeit, die darum oft Doppelarbeit und selten ganze Arbeit ist, und dazu die Fragwürdigkeit der Arbeitsergebnisse für ein vernünftiges Ganzes. Dem Wiedergutmacher liegt die Vorstellung nahe, er sei in ein Ghetto eingeschlossen; da tröstet es ihn, die Stimmen zu hören, die etwa die Isolierung der Sozialgerichtsbarkeit beklagen; oder bei den Soziologen unseres Leistungsstaates zu lesen, daß es zwar imponiere, wie in allen Dienststellen gearbeitet werde, nicht aber, wie sie zusammenwirken: man sehe die Arbeit aufgeteilt auf Leistungsträger, die nicht miteinander reden. Das Sozialhilfegesetz hat[1] die Situation authentisch ins Auge gefaßt und die Träger seiner Leistungen ausdrücklich angewiesen, mit den anderen Leistungsträgern zu reden. Es gibt den Steuerbeamtentag; wird es den Leistungsbeamtentag geben?

Es freut zu lesen, wenn ein junger Jurist, in meinem Spezialgebiet eingesetzt, öffentlich beklagt, daß die führenden Richter dieses Leistungsbereichs nicht Zeit finden, über den Zaun zu sehen[2]. Umgekehrt betrübt es, wenn ein aufs schönste um eine Generalübersicht über die Leistungszweige bemühter Richter der klassischen Verwaltungsgerichtsbarkeit[3] zwar noch der zum Teil seinem Gerichtszweig zugewiesenen dienstrechtlichen Wiedergutmachung gedenkt, um dann aber abzubrechen: „Die übrige Wiedergutmachung fällt in die Zuständigkeit der hier nicht inter-

---

[1] § 94.
[2] Kriegbaum RzW 65, 4.
[3] Gützkow NJW 64, 1449.

essierenden ordentlichen Gerichte." O bitte doch; gerade dieses Interesse ist, was fehlt. —

Ich möchte heute in 3 Abschnitten folgendes unternehmen:

(I.) Zuerst will ich einige Erwägungen beisteuern, mit denen ich mich unter die Bestrebungen derer einreihe, die nach einem System unserer öffentlichen Leistungen ausschauen.

(II.) Im zweiten Abschnitt wende ich mich dem Zusammenwirken zwischen der Leistungsverwaltung und der ihr zugeordneten Justiz zu, unter dem Gesichtspunkt der Gleichheitsdynamik und mit einem Vorschlag zum Zurückstecken richterstaatlichen Denkens.

(III.) Schließlich habe ich einige Reflexionen im Anblick unseres Leistungsstaates notiert, die das bewußtseinbildende Gespräch ein wenig nähren oder würzen mögen.

Ich werde dabei mein Spezialgebiet heranziehen in der Meinung, daß es manches lehre und daß es sehr der Teilnahme bedürfe; es wird mir außerdem auch unbewußt anhaften, aber ohne Nachsicht hierfür könnte das Gespräch nirgends beginnen.

I.

Zum System der öffentlichen Leistungen und ihrer Verwaltung

1. Vorweg einiges wenige zum *Organisatorischen.*

Zu den Prinzipien guter Verwaltung gehört Verantwortungsklarheit. Sie wird am sichersten erreicht, wo eine sichtbare politische Spitze, ein Einzelner, weisungsbefugt ist und daher verantwortlich gemacht werden kann für das, was unter ihm geschieht. Sie wird kaum erreicht, wenn die politische Spitze nur dienst- und rechtsaufsichtliche Befugnis hat, sachlich aber unter ihr in weisungsfreier Selbstverwaltung gearbeitet wird. Ich zweifle, daß an den pathetischen Bewandtnissen der Selbstverwaltung noch vieles echt ist, so weit es sich um Leistungsselbstverwaltung handelt. Es gibt Ausnahmen, so die genossenschaftliche Besorgung der gewerblichen Unfallversicherung. Aber schon der Versuch, die berufsständische Solidarität auch zur Grundlage des Familienlastenausgleichs zu machen, hatte keine Überzeugungskraft. Bei den großen Anstalten der Sozialversicherung

scheint mir der unklare Vorzug der Selbstverwaltung — wer ist
dieses Selbst? — teuer erkauft mit der fehlenden Verantwortung
einer politischen Spitze. Es bedrückt mich, wenn die Bundesver-
sicherungsanstalt für Angestellte für eine bestimmte harte Gesetzesauslegung — etwa: Arbeitslosigkeit i. S. des Gesetzes könne
eine alte Frau nur geltend machen, wenn es der *deutsche* Arbeits-
markt sei, der für sie keine Arbeit habe — sich auf ein Urteil des
Sozialgerichts Berlin beruft und nicht auf die Weisung eines politisch befragbaren Ressortchefs. Die Konstruktion des Lasten-
ausgleichsfonds allerdings kann man, trotz gleichem Vermissen,
damit rechtfertigen, daß der Symbolwert eines solchen Treu-
händers der Solidarität aller Schicksalsgenossen über jeder anderen
Erwägung stand; und wie wir uns an den Anblick dieses Sonder-
bereichs gewöhnt haben, wo nun seit dem Gesetz von 1952
gleichmäßig die Türme der Abgaben- und die der Leistungsver-
ordnungen mit ihrem Kranz subordinierter Normenwerke in die
Höhe wachsen, so blieb dies der einzige Leistungsbereich, wo man
systemgerecht-unbefangen ausspricht, zur Zeit seien keine Mittel
da. Bedenklicher als große bundesunmittelbare Selbstverwaltungs-
träger, wo dann wenigstens innerhalb die Einheit der Weisung
herrscht, sind unter dem Gesichtspunkt der Verantwortungsklarheit solche Konstruktionen, die die Entscheidung über die Leistungen in die Hände vieler weisungsfreier Gremien legen. Daß
diese dann den Interessenten nahezustehen pflegen, mag durch
das legitime Staatsinteresse aufgewogen werden, Interessenten-
vertreter in die Verantwortung für das Verteilen einzubeziehen.
Aber das Übel der Konstruktion ist die Unerreichbarkeit dieser
Leistungsinstanzen für eine politisch befragbare Spitze, deren
Weisungsbefugnis die Verpflichtung entspricht, für Gleichheit
und Vernunft zu sorgen. Die Entschädigungsgesetzgebung für
die Hitleropfer hat diesen independent agencies überall, wohin
ein normales inländisches Verwaltungshandeln noch reichen kann,
früh ein Ende gemacht. Das Gesetz enthält seit 1953 den erfah-
rungsgesättigten kategorischen Satz: Die Entschädigungsbehörden
müssen den Weisungen einer obersten Landesbehörde unterstehen.
Die Landesversicherungsanstalten etwa tun das nicht. Es ist aber
das unserem Staat und der ihm möglichen Verantwortungsklarheit Angemessene. Daß es oberste *Landes*behörden sind — auch
sonstwo, so in der Versorgungsverwaltung — ist bemühend, aber

es wäre zu meistern, hätte man das eigentliche Instrument bundes-
staatlicher Regierungskunst, die Bundesaufsicht, nicht verrosten
lassen. Da, wo der Bund ganz oder teilweise intern den Ländern
den Aufwand erstattet, verstärkt sich seine Aufsichtsposition
noch um die des Erstattungsschuldners, der das Gebaren des
unmittelbar Leistenden lenkt, indem er ihn wissen läßt, welche
Leistungen er anzweifeln, und umgekehrt, welche vielleicht nur
zögernd erbrachten er ohne weiteres erstatten werde. Einfacher,
von schnellerem Reaktionsvermögen ist natürlich das im Bereich
der sog. Rückerstattung[4] geltende System des einheitlich wei-
sungsbefugten Bundesministers und der Leistung aus Bundes-
mitteln. Aber wenn man den föderativen Staatsbau für etwas
Gutes hält, so stehen die beiden in der Wiedergutmachungsver-
waltung praktizierten Systeme untereinander in ausgeglichenem
Wettbewerb und bieten sich als Muster an. Denkwürdig ist dabei
noch, daß ein Wiedergutmachungsgesetz 1950 den Testfall bildete,
an dem eine Grundfrage unserer Verfassung nach manchen Zweifeln vernünftig entschieden wurde: Daß der Bund Gesetze zu
finanziellen Lasten der Länder erlassen kann, wurde[5] als alter
Reichsbrauch erkannt und auch für den Bundesstaat des Grund-
gesetzes bejaht.

Eine andere fast ebenso grundsätzliche Frage scheint im Wie-
dergutmachungsbereich zur Entscheidung getrieben zu werden,
ob es nämlich zur Gesetzmäßigkeit der Leistungsverwaltung
genüge, wenn das *Haus*haltsgesetz Mittel für einen bestimmten
Zweck zur Verfügung gestellt hat, sonst aber kein Gesetz be-
stimmt, was, an wen, durch wen geleistet werden soll. Ich denke,
man wird eine so simple Art, dem Gesetzmäßigkeitsgebot Reve-
renz zu erweisen, zwar wohl an bestimmte Indikationen binden,
sie aber doch nicht für überhaupt unzulässig halten dürfen.

2. Ich wende mich jetzt sachlich-rechtlichen Erwägungen zu,
die dem natürlichen System der Leistungen gelten. Ihre System-
losigkeit ist das allerseits Beklagte. Neben ihren anderen üblen
Wirkungen bewirkt sie das Grundübel, daß das *Gefüge* des Leistungsrechts unter denen, die für das Volk und aus dem Volk

---

[4] Die Rückerstattung entzogener Vermögensobjekte ist Gegenstand einer
aus der allgemeinen, im wesentlichen im Bundesentschädigungsgesetz geregel-
ten Wiedergutmachung ausgegliederten Sondergesetzgebung.
[5] Nach einer Rede des Stuttgarter Justizministers BEYERLE.

sprechen, kaum Mitdenkende findet. Dieses Gefüge erscheint als etwas Zufälliges, in dessen Proportionen sich nur Einflußproportionen widerspiegeln, dazu unverbundene Impulse öffentlicher Milde und unverbundene stilistische Einfälle des gewährenden Regelns, aber nichts Zwingendes vonseiten der Gerechtigkeit. Mit den zahlreichen stets in Gang befindlichen Umbauten verbindet sich darum auch nicht die Vorstellung und das Vertrauen, es gelte dabei, jeweils auch dem gerechten System ein Stück näher zu kommen. Das Bundesverwaltungsgericht hat einmal von einer historischen Gruppe von Gesetzen gesagt: Diese Gesetze sind nicht zufälligen Inhalts[6]. Man muß es mit dem Glauben wagen, daß auch ein System zeitgemäßer Leistungsgesetzgebung möglich wäre, von dem das gesagt werden kann.

Fosthoffs begriffstiftende Studie orientierte sich an *Sach*leistungen der öffentlichen Hand, die sich der kollektiven Daseinsvorsorge annimmt. Dargebracht werden diese auch heute noch größtenteils gegen Entgelt; bei den Bildungs- und Verkehrsleistungen ist und wird das anders.

Demgegenüber geht die Diskussion unserer Tage um die öffentlichen *Geld*leistungen. Unter ihnen sollte man diejengen für sich stellen, die ihrerseits *Entgelte* sind. Formell sind das auch die Leistungen aus den Zwangsversicherungen; die Denaturierung des Versicherungsgedankens bei diesen, Spezialabgaben erhebenden, aber daneben an die allgemeine Kasse angeschlossenen Leistungsträgern bleibe für heute beruhen. Dem Systembewußtsein dienlich ist es jedenfalls, diejenigen Geldleistungen, die reell den Charakter von Gegenleistungen für Leistungen des Bürgers haben, begrifflich abzusondern. Entgegen steht dem viel eingefleischter Sprachgebrauch, beginnend damit, daß das Entgelt für enteignetes Gut traditionell Entschädigung heißt. So sollte nichts heißen, was, den Zwang oder den Halbzwang bei der Inanspruchnahme hinweggedacht, Kaufpreis oder Miete, Arbeits- oder Dienstvergütung heißen würde.

Alsdann bleiben die *einseitigen* öffentlichen Leistungen in Geld. Versucht man, die Indikationen, die Anlässe für sie, wieder im Groben zu ordnen, so zeigen sich 3 Hauptanlässe:

---

[6] BVwGE 4, 6.

die öffentliche Hand nimmt sich eines *Schadens* an,
oder einer *Not,*
oder sie *fördert.*

Es versteht sich, daß ein Schaden zugleich auch *Not* bewirkt
haben kann, ebenso, daß sowohl Schaden wie Not Anlaß sein
können zu *fördern,* und daß man fördern kann, um Schaden oder
Not oder beides zu verhüten. Doch gibt es die 3 Indikationen
in reiner Form, und die Reaktion eines Leistungsstaates, der
Rechtsstaat sein will, wird zunächst einmal an ihrer Unterschied-
lichkeit orientiert sein müssen.

Ich will mich hauptsächlich mit der Indikation Schaden be-
fassen. Die Indikation Not übergehe ich, gehe dann aber noch
kurz auf die fördernden Leistungen ein.

Entstandener *Schaden* bildet die Hauptmasse der Indikationen,
und demgemäß überwiegt unter den Regelungen der Typus
Schadensausgleich. Jeder noch so skizzierte Systemversuch muß
hierzu zwei Skalen entwerfen, eine der Schäden, eine der Ent-
schädigungsformen. Man darf beides nicht vorzeitig in Verbin-
dung setzen.

Auf der Seite der Schäden ist die fundamentale Unterscheidung
die zwischen Unrecht und Unglück. Wenn alles ineinander zu
verschwimmen drohte, so war doch wenigstens diese Unterscheidung in der deutschen Nachkriegspolitik lange Zeit griffbereit.
Die Schwemme der Leistungsgesetze und die Abnutzung durch
die Zeit haben das geändert. Aber vor dem Rechtsgedanken bleibt
es die Grundunterscheidung, ob das, worauf zu antworten ist,
Unglück ist oder aber Unrecht. Das heißt nicht, daß an keinerlei
Unglücksschaden herangegangen werden dürfte, solange Un-
rechtsschaden noch unbeglichen ist. Aber die Priorität der Unrechtsschäden ist von der Art, daß ihre Wiedergutmachung ge-
wissermaßen ein Staatszweck ist, im Verhältnis zu dem das
andere in die vorläufige Rolle von Mitteln zurücktritt.

Die Schäden, die nicht Unrechts-, sondern Unglücksschäden
sind, lassen sich abstufen in

1. Schäden aus gefährlicher Heranziehung
   a) und zwar Heranziehung entweder allein im Interesse
      des Ganzen
   b) oder, 2. Stufe, *auch* im Interesse des Herangezogenen,
2. Schäden aus allgemein gefährdender Staatstätigkeit,

3. Schäden aus dem nationalen Schicksal,
4. Schäden aus den Lebensrisiken.

Auf der Seite der Schadensausgleichsformen kennen wir als Hauptstufen:

den Schadensersatz, diesen großartig geschnittenen Begriff,
den Schadensersatz mit Höchstgrenzen und mit Ausschluß von Schaden, der nicht Vermögensschaden ist,
die Abgeltung,
die Entschädigung lediglich nach sozialen Gesichtspunkten, wie das BVwG die Regelung des Lastenausgleichs genannt hat.

Halten wir nun die flüchtig skizzierten beiden Skalen aneinander, die Skala der Schäden und die der Formen des Schadensausgleichs, und beurteilen wir anhand dieses Schemas unsere wildgewachsene Rechtswirklichkeit, so lohnen einige Stellen das Verweilen:

Zwischen den Unrechts- und den Unglücksschäden lag bis vor kurzem als ungeregeltes Schadensgebiet das der schuldlos verursachten Unrechtsschäden. Daß sie nicht ungeregelt bleiben konnten, war evident, wenn es Entschädigung sogar für rechtmäßige Eingriffsschäden, für bloßes Unglück also, gab. Die Frage war, ob die schuldlosen Unrechtsschäden zu den eigentlichen Unrechts- oder zu den Unglücksschäden geschlagen werden sollten. Es ist das letztere geschehen. Das entsprach den vorgefundenen Einzelregelungen, den Entschädigungsgesetzen für unschuldig erlittene Untersuchungs- und Strafhaft. Sie sahen für ihre Personenschäden aus objektivem Staatsunrecht keinen vollen Schadensersatz vor, sondern schlossen den Schaden, der nicht Vermögensschaden ist, also jede Art von Schmerzensgeld, aus und begrenzten die Erstattung des Vermögensschadens auf Höchstbeträge. Die allgemeine Regelung, wie sie dann die Rechtsprechung geschaffen hat, folgt jenen Modellen bezüglich des Ausschlusses des Schmerzensgeldes; von Höchstbeträgen ist bisher nichts verlautet, es erscheint aber zwingend, daß etwa eine objektiv verfehlte Impfmaßnahme, die immerhin auch dem Impfling zugute kommen sollte, nicht höher entschädigt werden kann, als eine objektiv verfehlte Maßnahme der Strafjustiz. Daß die alten Justizentschädigungsgesetze das Mitverschulden, delikates Problem alles Entschädigungsrechts, mit dem äußersten Feingefühl regeln, folgt aus der Natur des Anlasses.

Das Bild mag der Hinweis beleben, daß in meinem Spezialgebiet umgekehrt der Unterschied zwischen objektivem und
schuldhaftem Staatsunrecht eingeebnet wurde. Seinem noch gel-
tenden Text nach macht ihn das Bundesentschädigungsgesetz in
der schwersten Fallgruppe: Im Unterschied zu seinen übrigen
Regelungen bindet es die Entschädigung für den Fall, daß der
Verfolgte das *Leben* verlor, ausdrücklich an die Feststellbarkeit
von Vorsatz oder Leichtfertigkeit auf Seiten der amtlichen Täter.
Praktikabel war das nicht. Der Bundesgerichtshof hat das Erfor-
dernis schließlich dadurch eliminiert, daß er der Verfolgungs-
geschichte einen bedingten Generalvorsatz der obersten Verfolger
entnahm: ihnen sei jede Folge ihrer Maßnahmen von vornherein
recht gewesen, die ihre Opfer im Ergebnis das Leben kostete;
ein überzeugendes Beispiel richterlichen Umgangs mit Gesetzes-
texten.

In anderer Hinsicht blieb es im Wiedergutmachungsrecht bei
der Notwendigkeit, zum Unrecht auch noch die Schuld in Form
spezifischen Vorsatzes festzustellen. Es war nicht zum Vorteil
der Sache. Da das Gesetz nicht für jede Art Verfolgung in der
Hitlerzeit gilt, sondern nur für Verfolgungen aus bestimmten
Gründen, war eine Auslegung möglich, wonach diese Gründe als
Motiv im Bewußtsein der Verfolger feststellbar sein müßten.
Diese Auslegung wurde herrschend. So ist also zu erforschen, ob
die in Polen jeweils mordende SS im konkreten Fall aus den
entschädigungsfähigen Gründen Rasse, Politik, Glaube oder
Weltanschauung gemordet hat, wobei auch die irrtümliche An-
nahme eines dieser Gründe noch ausreicht, oder ob die Mörder
aus nichtentschädigungsfähigen Gründen mordeten, wegen der
Nationalität des Opfers oder zur Sicherheit der deutschen Be-
satzungsmacht, oder schließlich nur aus schlichter hoheitlicher
Mordlust — eine Sortierarbeit in Unflat der Motive, die von
sich zu weisen die Indignationskraft unserer Richter leider nicht
ausgereicht hat. Abgewendet werden konnte lediglich der Gedanke, daß ein Schaden auch dann nicht entschädigungsfähig sei,
wenn er zwar aus einem der Verfolgungsmotive zugefügt wurde,
anderenfalls aber aus einem der anderen Unrechtsmotive in glei-
cher Weise zugefügt worden wäre: Die Reserveursache „anderes
Staatsunrecht" bleibt unbewertet. Vielleicht kommt das einmal
dem allgemeinen Amtshaftungsrecht zugute, etwa wenn gegen

die Haftung für ein Verwaltungsverschulden eingewendet wird, andernfalls würde der gleiche Schaden durch ein der Schadensersatzpflicht entzogenes Gerichtsurteil entstanden sein.

Verlassen wir die Schäden aus Unrecht. Unter den Unglücksschäden gibt am meisten zu denken der *Indikationsbereich Wehrdienstschäden.*

Personenschäden können nicht nach schlechteren Maßstäben entschädigt werden als Sach- und Vermögensschäden desselben Indikationsbereichs. Diesen Satz, den ich für evident halte, verletzt noch immer das Bundesversorgungsgesetz, soweit es für Wehrdienstbeschädigte und ihre Hinterbliebenen gilt. Es gilt für Wehrdienstbeschädigungen bekanntlich gleichermaßen, ob sie im Krieg oder beim derzeitigen nicht berufsmäßigen Wehrdienst erlitten wurden. Daß der Bürger für die gefährliche Inanspruchnahme seines Eigentums durch das Bundesleistungsgesetz als Schadensabgeltung nahezu vollen Ausgleich zugesagt erhält[7], aber bei weitem keinen solchen, wenn die Landesverteidigung seine Person in Anspruch genommen und er dabei Schaden an Leib oder Leben erlitten hat, ist anstößig. Anders gestimmte Zeiten mögen Gesichtspunkte gehabt haben, unter denen die Verstümmelung oder sogar die Erwerbsunfähigkeit des früheren Soldaten einer materiellen Entschädigung nicht ebenso zu bedürfen schien wie die Requisition von Eigentum, das die Inanspruchnahme nicht überstand. Wir können nicht so denken. Das Los, Soldat sein zu müssen, enthält keine innere Vergütung mehr an Glanz oder erhöhtem Lebenssinn. Es trifft, wen es trifft, als ein sachliches, nicht erfreuliches Muß. Die Evidenz des notwendigen Gleichmaßes für Personen- und Sachschäden ist hier in ihrer normalen Wirkung auf den öffentlichen Willen gehemmt. Der Sprecher der Kriegsopfer in der Oppositionspartei hat den Rechtsfreund erfreut durch die handfest-systembewußte Art, wie er in den Kämpfen des letzten Jahres die Gerechtigkeitsbewandtnis, die seiner Sache innewohnt, auf den Begriff brachte. Der Abgeordnete führte Beschwerde gegen den obersten Verteilerstab, wo man „bis zur Stunde nicht begriffen" habe, „daß Kriegsopferversorgung mit Armenfürsorge nichts zu tun habe". Er zitierte die Rechtsgelehrten, die diesen Irrtum mit ihrer Autorität stützen.

---

[7] §§ 21, 26 Bundesleistungsgesetz; vgl. auch § 29, der für Körperschäden, die aus der Sachleistung hervorgehen, angemessenen Ausgleich zusagt.

Ihre Lehre sei, daß der Krieg den Charakter einer Katastrophe
habe und der Staat sich daher auf eine soziale Hilfe beschränken
dürfe. Aber, sagte mein Landsmann Bazille, seines Wissens gelte
bei einer Katastrophe der Grundsatz: Rette sich, wer kann. In
einem Wehrgesetz habe er dergleichen nie gelesen.

Man mag über Hitlerkrieg und heutige Rüstung denken, was
man will, es kann nicht die Einsicht berühren, daß das System
unseres Leistungsstaates bei den Wehrdienstbeschädigten schad-
haft ist. Freilich kein Wunder, wenn das Staatsoberhaupt soeben
mahnen mußte: „Jedenfalls ist der Bürger in Uniform genauso
gut wie der Bürger in Zivil." Der Satz ist ein präziser Rechtssatz
von Verfassungsrang, und er muß die Folge haben, daß der
Schaden, der aus der besonderen Gefährdung durch den Soldaten-
dienst hervorging oder -geht, als Schaden aus gefährdender Inanspruchnahme der Person keinesfalls schlechter entschädigt wird,
als der Parallelschaden aus der Inanspruchnahme bloßen Eigentums.

Deshalb ist die Regelung, wonach der Schwerbeschädigte Be-
rufschadensausgleich nur in Höhe von $^4/_{10}$ seines Schadens
und nur bis zu einem knappen Höchstbetrag erhält, vor der
Gerechtigkeit nicht in Ordnung, auch wenn diese Verbesserung
von Wortführern der Sozialpolitik fast schon als Vergeudung
öffentlicher Mittel bezeichnet wird.

Bei alledem soll die leise Belustigung nicht verschwiegen werden, mit der man im Wiedergutmachungsghetto die einschlägige
Durchführungsverordnung las, die nun auch den Kriegsopfern
aller Berufsstände den vergleichbaren Beamten zugeordnet hat,
schön gegliedert nach den Durchschnittskarrieren in jeder der
4 Laufbahnen. Der vergleichbare Beamte ist die rechtshistorische
Erfindung des Wiedergutmachungsgesetzgebers für die amerika-
nische Zone, und jeder Wiedergutmacher amüsiert oder verdrießt
sich täglich mit diesem seltsamen Puppenspiel; aber es sind vielleicht Vorausmuster kommender Selbstverständlichkeiten.

Das Soldatenversorgungsgesetz für die jetzige Wehrmacht
kennt und definiert schon für Friedenszeiten den Begriff des
besonders gefährdeten Personals, wenn es fliegendes oder sprin-
gendes Personal ist. In beiden Fällen wird schwerster Personen-
schaden zusätzlich entschädigt, wenn ihn ein Unfall herbeiführt,
der „nur auf die eigentümlichen Verhältnisse *dieses* Dienstes

zurückzuführen ist". Das ist im Prinzip, nicht in der Durchführung, musterhaft aufgebaut. Seine Versetzung in die unwillkommenen und unförderlichen Verhältnisse eines Dienstes muß der Bürger hinnehmen; die Inanspruchnahme als solche findet keinen Ausgleich, wen es trifft, den trifft es. Es kann dabei wirklich das Los entscheiden, ohne daß die Gerechtigkeit gekränkt wird. Aber die eigentümlichen Verhältnisse sind gefährliche Verhältnisse; verwirklicht sich die Gefahr zum Schaden, so hat der, den unter den zur Gefahr Ausgelosten das Schadenslos traf, vor der Gerechtigkeit Anspruch auf Entschädigung, wie ich meine, auf vollständige Entschädigung. Wurde er vollends zu besonders hoher Gefahr ausgelost, so ist es gerecht, daß, wenn ihn dann der schwerstmögliche Schaden traf, Tod oder Erwerbsunfähigkeit, ihm oder den Seinigen noch etwas Besonderes zum wenigstens finanziellen Ausgleich gewährt wird.

Soweit ein Schaden aus der Inanspruchnahme zu gefährlichem Dienst hervorgegangen ist, erscheint es aber auch evident, daß er, wenn schon nicht besser, so doch keinesfalls schlechter als die Schäden geregelt werden darf, die nicht aus einer solchen Sonderinanspruchnahme allein für das Wohl des Ganzen hervorgehen. Wenn sich alle oder die betroffenen Bürger einer gesundheitsdienstlichen Maßnahme unterziehen mußten, läßt sich von einer auswählenden Inanspruchnahme der Einen, im Unterschied zu den verschonten Anderen, nicht mehr sprechen, und zudem haben solche Maßnahmen neben dem allgemeinen auch das Wohl des Betroffenen zum Zweck. Trotzdem steht ihm, wenn er zu Schaden kommt, der (hier jetzt[8] gesetzlich geregelte) Aufopferungsanspruch zu, als ein Anspruch im Stil der angemessenen Entschädigung, dies sogar dann, wenn ihm die Maßnahme nur amtlich angeraten war. Auch im Vergleich zur Position dieser Geschädigten bleibt die der Kriegs- und Wehrdienstopfer systemwidrig.

Den Begriff der öffentlich-rechtlichen *Gefährdungshaftung* sollte man für alle diese Opfer nicht verwenden. Er bleibe den Fällen vorbehalten, in denen ohne Unterschied *jedermann* durch katastrophenträchtige Eigentümlichkeiten des öffentlichen Wesens gefährdet ist. Den Musterfall bildet die Gefährdung jedermanns im Krieg. Hier fehlt völlig das Kennzeichen der auswäh-

---

[8] in § 51 Bundesseuchengesetz.

lenden und gefährlichen Inanspruchnahme der *einen,* denen *andere* gegenüberstehen, die von solcher Inanspruchnahme verschont blieben. Deshalb läßt sich hier die Entschädigung bloß nach sozialen Gesichtspunkten verantworten, deren Maß der Anspruch auf nationale Solidarität im geschichtlichen Unglück ist. Ich sage Anspruch, weil die Präambel zum Lastenausgleichsgesetz es immerhin so nennt. Diesem Maß entspricht für *Personen*schäden das Bundesversorgungsgesetz, das deshalb, soweit es für Kriegsopfer gilt, die nicht im Dienst standen, systemgerecht ist.

Man kann gewiß dies alles weithin oder gar vollständig einebnen, bis hin zu der Grenzvorstellung, daß man am besten *alle* Schäden aus den Risiken des Lebens auf die allgemeine Kasse übernehme, vielleicht dann noch mit solchen letzten Grenzen wie der, daß die verdeckte Staatshaftpflicht bei friedlichen Atomschäden für den einzelnen Schadensfall auf DM 500 000 000,— begrenzt ist. Unser Bewußtsein färbt ein Empfinden, als sei der Mensch überall im Einsatz, ohne alles Pathos, als miles fati. Ein Gesetz würde uns nicht ganz unvorbereitet finden, das jeglichen Beschädigten, alle die wir „Opfer" nennen, gleich behandelt: Opfer des Unrechts, des Wehrdienstes, des Krieges, der Arbeit, der Gesundheitspflege, bis hin zu den Opfern des Verkehrs. Solange aber noch nach privat und öffentlich, nach Trägern, Indikationen und Entschädigungsstilen differenziert wird, sollte es verpflichtend sein, daß die stärkere Indikation nicht zu der schwächeren Entschädigung führen darf.

Ich verlasse die Indikation Schaden, übergehe die Not, will aber zur Indikation *Förderungswürdigkeit* ein paar Bemerkungen machen:

Die finanziellen Leistungen treten hier nun ganz unter das Leitbild der distributiven Gerechtigkeit. Darin, daß sich für die Indikation hier der Ausdruck Förderungswürdigkeit anbietet, kommt das sozusagen klassisch zum Ausdruck: Schon der Stifter der Unterscheidung unter den beiden Gestalten der Gerechtigkeit, Aristoteles, hat ja die Frage nach dem Maßstab der verteilenden Gerechtigkeit mit der Formel beantwortet: κατ'ἀξίαν, nach Würdigkeit. Aristoteles hat auch sogleich darauf hingewiesen, daß das Austeilen von Gütern wie das von Lasten hierhergehöre.

Die Würdigkeit, bei der Güter- wie der Lastenverteilung bevorzugt zu werden, kann *auch* durch erlittenen Schaden und durch bestehende, drohende oder überstandene Not begründet werden. Unsere Entschädigungsgesetze sind großenteils systematisch nur richtig zu verstehen, wenn man das, was sie gewähren, versteht als knappe und knappste Schadenserstattung im Rahmen einer Wiederausstattung, aber vermehrt um Anwartschaften distributiven Charakters. Die Wiederausstattung gibt es dann ihrem Wesen nach nur einmal, wie das Bundesverwaltungsgericht[9] einen für zweimaligen Totalschaden zweimal die Hausratsentschädigung begehrenden Kläger systemgerecht beschieden hat. Distributionsanwartschaften sind alle die Leistungen für die Ausbildung, die Existenzgründung, den Hauserwerb, aber auch die mannigfachen Arten des Hinzugewährens von Anwartschaften auf Versorgung oder doch Teilversorgung. Es sind nur zugeteilte Chancen; alle setzen eine Art hinzukommendes Glück voraus, das die Chance ergreifbar macht. Mitunter ist ein Anreiz eingeschlossen zum sozialpolitisch erwünschten Entschluß: die Rente wird günstig in ein Kapital umgetauscht, wenn davon eine selbständige Existenz gegründet, ein Haus zum Bewohnen erworben wird, oder auch umgekehrt, ein Kapital wird günstig in eine Rente umgewandelt, wenn der Begünstigte sich damit im Punkt seines Versorgtseins auf sich selbst stellt.

Unsere besondere Aufmerksamkeit verdient es, daß uns nicht nur zwei, sondern drei Stile des Förderns zu Gebot stehen: Die Ausstattung mit Leistungen, die Verschonung bei der Lastenverteilung, und dazu noch die Verbilligung entgeltlich dargebotener Leistungen. Das Gefühl der Wirrnis in unseren Maßnahmen rührt nicht zuletzt vom Durcheinanderlaufen dieser drei Förderungsstile her. Eine öffentliche Auseinandersetzung hat kürzlich daran erinnert, daß jenes Gesetz, das für Forsthoffs Erkenntnisse das Modell bildete, das Energiewirtschaftsgesetz von 1935, alle Arten von sozialen Förderungstarifen verbot und noch verbietet. Freilich wird die tiefe Volkstümlichkeit dieses Förderungsstils stets mächtiger sein als die Einsicht, wie hinderlich er jeglicher Übersicht ist. Der „Würmeling" läßt sich aus der keimenden Staatsbeziehung des noch eisenbahnfahrenden Nachwuchses gar nicht mehr wegdenken.

---

[9] E 17, 13.

Schwierig schon für das Nachdenken stellt sich das Verhältnis der beiden übrigen Förderungsstile dar, kurz gesagt, das von Leistungen zu Steuervergünstigungen. Der Steuerbeamtentag 1963 hat das Problem beherzt mit Thesen angepackt, deren zwei lauten:

Steuerliche Förderungsmaßnahmen dürfen nicht neben Ausgabenmaßnahmen gewährt werden.
Steuerliche Förderungsmaßnahmen sind nicht einzuführen, wenn Ausgabenmaßnahmen einfacher, zweckmäßiger oder sozial gerechter wären.

Gut; auch ein Leistungsbeamtentag müßte so postulieren. Aber wie sieht das nun etwa für das Kindergeld aus? Wir sind aus der unübersichtlichen Kombination von Ermäßigung dessen, was der Vater zu zahlen hat, mit dem, was ihm zufließt, bisher nicht herausgekommen. Es stoßen sich zwei Überlegungen. Die eine lautet primitiv: Von der Vergünstigung bei der Steuer hat nichts, wer keine zahlt. Also muß gerechtigkeitshalber das Kindergeld an Arm und Reich bar bezahlt werden. Die andere lautet: In erster Linie soll der Vater den Unterhalt aus seinem Verdienst aufbringen, die Gemeinschaft nur subsidiär eintreten. Dieser zweite Gedanke ergibt als die Mindestforderung der Gerechtigkeit, daß von zwei gleich verdienenden Vätern dem mit dem Kind im Verhältnis zu dem ohne Kind so viel mehr an seinem Einkommen steuerfrei belassen wird, als der volle Unterhalt des Kindes ausmacht. Was der eine ganz für das Kind zu verwenden hat, davon muß der andere lediglich die Steuer zahlen, den Rest kann er beliebig verwenden. Diese Formel ist trotz aller Reformen nicht verwirklicht. Die so bemessene Steuerverschonung würde als die erste Maßnahme rangieren. Staatliche Zahlungen würden sie nur ergänzen. Bei dieser Lösung bliebe dem, der seine zwei Kinder selbst unterhalten kann, das Bewußtsein erhalten, das auch wirklich getan und von der öffentlichen Hand nicht mehr erbeten zu haben, als daß sie von seinem selbstverdienten Kindergeld keine Steuer nehme.
Den Blick zurücknehmend aus den anderen Leistungsbereichen sieht der Wiedergutmachungsjurist, daß es für den Zustand seines speziellen Rechtsgebiets keinen anderen Begriff gibt, als daß da *alle* im Schwang befindlichen Leistungsstile durcheinandermusiziert werden. Mitunter wird so ausgeschüttet, daß ein Vielfaches

des Schadens bezahlt wird. Weit öfter wird weniger gewährt als
im letzten Rang der Ausgleichsformen. Obwohl über das Bundesversorgungsgesetz das vorhin Gesagte zu sagen war, erstreben die
Verfolgten noch 1965 in vielen Punkten die Gleichstellung
wenigstens mit den Opfern des Kriegs. Das Bundesversorgungsgesetz hat zwar den guten Begriff des Versehrtengeldes nicht
wieder eingeführt, kennt aber doch für Verstümmelte Zusatz-
leistungen, die keinen Vermögensschaden abgelten, sondern
Schmerzensgeld sind. Dem Wiedergutmachungsrecht droht das
endgültig versagt zu bleiben, obwohl man hier etwa die ihrer
Rasse wegen unfruchtbar gemachte junge Frau kennt, die, wenn
sie ihr Schicksal verarbeiten konnte, nicht erwerbsgemindert ist.
Für die Hinterbliebenen gilt eine Regelung, die zwar bis zur
Versorgung der Witwe eines älteren Regierungsrats ausgreift,
aber eben nur als Notbedarfsregelung, subsidiär hinter jeglichem
eigenen Einkommen, selbst den Zinsen aus der Nachzahlung, die
nach 2 Jahrzehnten des Entbehrens schließlich einging. Nur eine
kaum beachtete Klausel im Text — die unzähligen Kürzungen
müssen laut ihrer „gerechtfertigt" sein — ist vom Bundesgerichtshof spät zu Ehren gebracht worden und steuert dem Schlimmsten.
Und bei den Berufsschadensrenten, die statt der Kapitalentschä-
digung gewählt werden können, hält noch der Entwurf zum
Schlußgesetz es für möglich, daß zwar die Witwe desjenigen
beruflich entwurzelt Gebliebenen, der am 1. Oktober 1953 starb,
vom Todestag an die Rente erhält, starb er aber einen Tag früher
oder vielleicht schon 1940, so beginnt ihre Rente 1960. Solch
selbstherrliches Ausschütten statt systembewußten Dosierens
hätte vielleicht unser allgemeiner Stil werden können; nun findet
es sich doch nur noch in diesem einen Bereich, freilich dem des
ernstesten Anlasses, der außerdem noch das ist, was man eine
Visitenkarte nennt. Daß gerade hier, wo vom System der ge-
wissenhafteste Schadensersatz gefordert ist, statt dessen die un-
gezielte Distribution vorherrscht, mit der Folge, daß einer An-
zahl Reichbedachter die Menge der Verkürzten gegenübersteht,
legt es nahe, den Hadernden und Fragenden das Ganze überhaupt als eine Auslosung zu deuten, wozu ja ratlose Gerechtigkeit
als ihrem letzten Mittel allemal greifen darf. Nicht ganz selten
muß man sich sogar des Gedankens erwehren, auch das Gesamt-
ergebnis unserer leistungsstaatlichen Bemühungen müsse *so* ge-

deutet werden, statt der aus der Hand des Schicksals empfangenen Lose empfange man nun eben Soziallose aus der öffentlichen Hand, und wer geordnet denke, verbiete sich wie eh und je, über sein Los zu grübeln.

Ich komme zu meinem zweiten Problemgebiet:

II.

Die Leistungsverwaltung und ihre Gerichte unter dem Gesichtspunkt der Gleichheitsdynamik

Um mich in den folgenden Darlegungen kurz ausdrücken zu können, bitte ich mir zu gestatten, daß ich die Kennzeichnungen günstig und ungünstig immer aus der Sicht des Anspruchstellers verwende.

Was ich sage, orientiert sich an dem einfachen Falltyp, daß gegen den Bescheid der Behörde nur vom Anspruchsteller geklagt werden kann, während eine Klage im Interesse des Leistungsträgers gegen einen bewilligenden Bescheid nicht möglich ist. Die Stimme der Verwaltung ist hier die Stimme des Schuldners. Aber auch bei den abweichenden Gestaltungen gibt es diese Stimme. Die Verwaltung, die die Stimme des Leistungsschuldners führt, ist gemeint, wenn ich jetzt Verwaltung und Gericht gegenüberstelle als Beteiligte des Problems: Administrative Entscheidung von Zweifeln *generellen* Charakters.

Es gibt in der Leistungsverwaltung Erlasse, die sich geradezu Zweifelsfragenerlasse nennen, und in der administrativen Zweifelsfragenklärung zeigen sich Energie und Liebe zur Sache zumal in der Spitze. Aber hieran erwächst der Leistungsverwaltung zugleich ein Hauptproblem, weil sie Massenverwaltung ist mit dem Verwaltungsziel Gerechtigkeit, in deren Verfolg dann wenigstens das Teilziel Gleichheit nicht verfehlt werden sollte. Diese Gefahr läuft gerade energisches Anpacken der Aufgabe, aus natürlichen wie aus bloß juristischen, richterstaatlichen Gründen. Das Gesetz mag Dauergesetz sein oder ein langfristiges Maßnahmengesetz, es muß mit seiner Durchführung sofort begonnen werden, beim Dauergesetz bei denen, die jetzt berechtigt sind im Unterschied zu denen, die erst künftig berechtigt sein werden, beim lang befristeten Maßnahmengesetz, wo gegebenenfalls alle überhaupt Berechtigten sofort berechtigt sind, bei den dringendsten Fallgruppen, den Ältesten, Kränkesten, Bedürftigsten. Aber wie das Gesetz eigentlich auszulegen ist, darüber wird die Verwaltung erst in Jahren klug, ja endgültig weiß sie es erst dann, wenn sie mit der Ausführung am Ende ist. Es ist menschlich, daß sie anfangs zaghaft, eng entscheidet, in dubio pro fisco. Im Laufe der Jahre wird klar, wo sachlicherweise günstiger als bisher entschieden werden muß. Die medizinische Wissenschaft etwa hat ihre Auffassung geändert; sie glaubt jetzt an ursächliche Zusammenhänge, die sie bisher leugnete, oder die Verfolgungs- oder die Kriegsgeschichte hat neue Aspekte enthüllt. In diesen Fällen ist die Verwaltung im *Tatsächlichen* generell klüger geworden. Aber auch im *Rechtlichen* geht es ihr nicht selten ebenso: Es hat sich etwa die Angleichung an die Parallelregelung in einem verwandten Leistungszweig, mit dessen Träger man bisher nicht, nun aber doch gesprochen hat, als unabweisbar erwiesen. Oder die Alternative, ob man noch länger die Augen schließen wolle oder doch lieber die Lücke, ließ sich nur noch im zweiten Sinn lösen. Hier ist es die *Auslegung des Gesetzes*, worin die Verwaltung klüger geworden ist.

In beiden Fällen nun, dies meine These, muß die klüger gewordene Verwaltung ihre ins Günstigere[10] gewandelte Einsicht und ihren Willen, dieser Einsicht gemäß zu handeln, zum Recht erheben können. Zum Recht erheben heißt, daß sie insoweit dann richterlicher Korrektur nicht mehr ausgesetzt ist. Ich weiß, wie feste Vorstellungen dem entgegenstehen: Im Bereich des Tatsächlichen die Untersuchungsmaxime, bei der Gesetzesauslegung das Dogma, daß sie im Rechtsstreit allein dem Richter zustehe. Mit beidem will ich es aufnehmen.

1. Mein erster Vorschlag also gilt dem Fall, daß die Verwaltung, klüger geworden oder ausnahmsweise auch schon von vornherein, sich im Tatsächlichen eine generelle günstige Ansicht gebildet hat. Ihretwegen wird folglich das Gericht nicht bemüht. Aber es gibt natürlich nicht wenig Fälle, wo trotz dieser günstigen

---

[10] Die umgekehrte Frage, ob eine Verwaltung, die zu Ungunsten der Anspruchsteller klüger geworden ist, von nun an ungünstiger entscheiden darf als bisher, soll uns heute nicht beschäftigen und bildet wohl überhaupt kein Problem mehr. Es ist hart, aber sie darf es, auch wenn der, der erst später an die Reihe kommt, nun überdies weniger bekommt, als er bei früherer Abfertigung bekommen hätte.

Ansicht aus anderen Gründen negativer Bescheid ergeht. Nun setzt — scharf hervortretend freilich nur bei verwaltungsfernen Gerichten — das ein, was mir wie eine Wesensentstellung der Justiz erscheint in unserem zugleich zum Leistungs- wie zum Richterstaat sich ausformenden System: Das Gericht erinnert sich des lateinischen Namens seiner gesetzlichen Verfahrensmaxime und etabliert sich als Inquisition. Es desinteressiert sich an dem, worüber die Behörde und der Bürger streiten, und untersucht, worüber sie einig sind — beispielsweise, ob es mit der deutschen Machtposition in Ungarn 1942 wirklich so stand, wie die Verwaltung nach jahrelanger Skepsis es nun für Tatsache hält. Das Gericht untersucht das von neuem, mit seinen vergleichsweise unbehilflichen punktuellen Mitteln, dafür umso länger, und da im Bundesentschädigungsgesetz nur steht, daß das Gericht alle für die Entscheidung erheblichen Tatsachen zu ermitteln habe, sich dort aber nicht einmal der die Verwaltungsgerichtsordnung zierende treuherzige Zusatz findet: „Die Beteiligten sind dabei heranzuziehen", beschränkt sich die Rolle dieser Beteiligten gegebenenfalls jahrelang darauf, von Zeit zu Zeit, wenn überhaupt etwas, dann zu erfahren, an wen sich das Gericht nun wieder neuerdings um Auskunft gewendet hat. Findet das Gericht zum guten Ende, daß es so sei, wie die Parteien übereinstimmend immer schon sagten, nun gut, dann muß es an den wirklich streitigen Punkt herangehen. Glaubt es aber die Dinge anders, ungünstiger gefunden zu haben als die Parteien vortragen, dann fragt es nicht etwa die Verwaltung, ob sie sich jetzt auch auf diesen von ihrer Auffassung abweichenden Befund zur Stützung ihres Klagabweisungsbegehrens berufen wolle, sondern es weist, ohne weiter zu fragen, den Anspruch ab, die Entscheidung aber, die beide Seiten vom Gericht erhofften, bleibt ihnen vorenthalten.

Der Entschädigungssenat des Bundesgerichtshofs ist identisch mit dem Familienrechtssenat und führt auch in dieser Eigenschaft einen mit der Untersuchungsmaxime arbeitenden Justizzweig. Es lohnt sich ein Blick auf die sinnreiche Art, wie die ZPO von dieser Maxime im Scheidungsstreit Gebrauch macht. Daß das Ehegericht Tatsachen frei verwenden kann, die der Aufrechterhaltung der Ehe dienlich sind, hat seinen Grund darin, daß, nach dem natürlichen System dieser Dinge, im gegeneinander geführten Scheidungsprozeß immer zugleich etwas ganz anderes steckt, eine Bitte um Enthebung von der Ehe, gerichtet an den Hüter der Ehe, dessen Funktion in unserer Kultur das Streitgericht mit übernehmen muß. Dieser Hüter muß natürlich frei von sich aus in das Verfahren einführen können, was seinen Zielen dient. Hat aber das Ehegericht eine ehe*schädliche* Tatsache ermittelt, so muß es den Hinausstrebenden fragen, ob er sich auch auf sie zur Erreichung seines Zieles berufen will. Er kann Gründe haben, das nicht zu wollen; einer dieser Gründe kann sein, daß er über die ermittelte Tatsache, ihren Zusammenhang zumal und ihre Bedeutung im Ganzen, eben doch mehr weiß als das Gericht. Diese Möglichkeit achtet die Untersuchungsmaxime in der Dosierung der ZPO. Es besteht aller Grund, sie nicht weniger in den Prozeßordnungen der Leistungsverwaltung zu achten. Die Folge der Erklärung, die Behörde wolle sich auf eine gerichtlich ermittelte Tatsache nicht berufen, muß hier wie dort sein, daß dann eben das Gericht den Sachverhalt zugrunde legt, wie er ohne jene Tatsache ist, oder anders gesagt, daß es an den unstreitigen Sachverhalt gebunden bleibt.[11]

Die Untersuchungsmaxime hat dann immer noch beträchtliche Bedeutung. Allerdings würde der Vorschlag, konsequent verstanden, das Gericht auch schon davon abhalten, zum unstreitigen Sachverhalt überhaupt noch in eigene Ermittlungen einzutreten. Aber nach wie vor würde die Maxime die legitimste ihrer Wirkungen entfalten, die, dem *Beweisnotstand* der Partei abzuhelfen. In diesem Notstand ist selten die Verwaltung, aber oft der Anspruchsteller, der von den für die Einordnung seines Schadens maßgebenden Tatsachen und den bestehenden Beweismöglichkeiten aus seiner Froschperspektive nur wenig, als Hinterbliebener oft so gut wie gar nichts weiß. Hier, wenn dann auch die beklagte Verwaltung nichts zu wissen erklärt, für den von der Beweislosigkeit bedrohten Kläger die Dinge von Amts wegen zu streitigen Sachverhalt gebunden bleibt[12].

[11] Für das Schlußgesetz zum Bundesentschädigungsgesetz hat der Deutsche Anwaltverein eine Norm dieses Wortlauts — „An den unstreitigen Sachverhalt ist das Gericht gebunden" — vorgeschlagen, übrigens nicht begrenzt auf generelle Auslegungen.

[12] Verwunderlich ist nur, vom System aus gesehen, daß im gewöhnlichen Amtshaftungsprozeß, wo der Beweisnotstand gewiß auch seine Rolle spielt, die Untersuchungsmaxime für entbehrlich gilt; der Umstand, daß dieser Prozeß notwendig Anwaltsprozeß ist, reicht kaum zur Erklärung.

In unserer geweiteten, alles in Abhängigkeit von allem bringenden Welt, in der an jedem Ort mit oder ohne uns uns Betreffendes geschehen kann, und wir auch dann noch, wenn etwas vor unserem Haus geschieht, immer häufiger nicht wissen, was es im Guten oder Argen damit für eine Bewandtnis hat, wird der Einzelne als Geschädigter in zunehmendem Beweisnotstand und also gegenüber Leistungsträgern, die sich mit Nichtwissen erklären, jener noblen Ermittlungshilfe immer bedürftiger sein, solange unser Leistungsstaat am Stil der Einzelregelungen festhält, die die Zurechnung der Schäden zu jeweils umrissenen Einzelvorgängen und -gefährdungen voraussetzen und entsprechend unterschiedliche Entschädigungsfolgen daran knüpfen. Sollte er sich freilich zum Staat der einheitlichen Versicherung aller gegen alles fortbilden wollen oder müssen, so würde das Erwogene uns kaum mehr berühren. Vorerst bleibt es dringlich, und einen einmaligen Dringlichkeitsgrad hat es im Bereich der Wiedergutmachung des Hitlerunrechts erreicht. Dort trafen sklavische Unwissenheit der Opfer und ausgebildetste Geheimhaltung der amtlichen Kriminalität zusammen. Über vieles sind sich die Behörden, so viel sie auch gelernt haben, mit den Verfolgten nicht einig geworden. Hier ist das Feld für die Ermittlungshilfe seitens der Gerichte. Soweit aber das Geschehene in seinen rechtserheblichen Zügen nun in bald 2 Jahrzehnten Komplex für Komplex von der dazu erstberufenen Exekutive erforscht und Richtlinie einer günstigen Entscheidungspraxis geworden ist, möge die Justiz (gerade hier, wo es so sehr an Richtern fehlt) beruhigt glauben, daß es für sie nichts zu tun gibt, wo niemand sich beklagt. Daß die Justiz aufgrund von Tatsachen urteilen soll, die sie im Verdacht der Unrichtigkeit haben mag, darf sie nicht berühren. Das muß sie auch sonst, auch im öffentlichen Recht, das ja auch den Revisionsrichter kennt, der nur zu urteilen hat secundum id quod propositum est.

Es ist schade, daß die Lehre vom Feststellungsvertrag, wie Pagenstecher sie einst begründet hat, nahezu verschollen ist. Daß die Parteien Urteil begehren gemäß dem, was sie als Tatsache unter sich festgestellt haben, hat nichts Unziemliches vor der Rechtsidee, nur allenfalls vor den Resten der Idee des Obrigkeitsstaates.

2. Mein hinzutretender zweiter Vorschlag lautet, daß es der

Leistungsverwaltung auch zustehen soll, generell günstig *das Gesetz auszulegen.*

Die gesunde und herrschende Lehre von der Selbstbindung der Verwaltung, von der Gleichheit vor der Richtlinie müßte das eigentlich von selbst ergeben. Zweifeln könnte man daran auf dem Boden dieser Lehre nur allenfalls, solange eine bestimmte Auslegung noch zu keiner Praxis geführt hat, deren gleichmäßige Fortsetzung nun den Vorrang hat vor der Gesetzmäßigkeit der Verwaltung, wie sie durch eine in der Vorstellung des Gerichts unrichtige Auslegung tangiert wäre. In verstärkter Form wäre dieser Zweifel da möglich, wo die Verwaltung von einer bestimmten Auslegung zu einer anderen übergehen will, namentlich wenn in der Vorstellung des Gerichts die neue Auslegung auch wieder nicht die richtige ist, oder wenn es gar die aufgegebene für die richtige hält. Aber auch dann, wenn also die Gleichheit vor der Richtlinie meiner These nicht zu Hilfe kommt, muß die Kontrolle des Gerichts sich darauf beschränken, daß es der Verwaltung die von ihm für richtig gehaltene ungünstige Auslegung als neue Richtlinie vorschlägt[13]; erklärt sich die Verwaltung nicht überzeugt, so muß die bestehende günstige Richtlinie, ob alt oder neu, zur Grundlage auch der gerichtlichen Entscheidung gemacht werden.

Der Bindung der Gerichte an generelle günstige Auslegungen der Verwaltung steht die — spezifisch deutsche — Vorstellung entgegen, es könne nur *eine* Auslegung des Gesetzes geben, die richtig ist. Die Lehre räumt immer schon ein, daß es dann mehrere richtige Auslegungen geben könne, wenn die Gesetzesnorm mit der Ermächtigung zu einer ausführenden Rechtsverordnung versehen ist; die Verordnungsinstanz interpretiert dann zwar authentisch, aber nicht allein richtig etwa mit der Wirkung, daß die abweichende ältere Verwaltungspraxis damit falsch würde. Es ist nun aber nicht einzusehen, warum durchaus gleichartige Texte dann nur eine Auslegung zulassen wollen, wenn sie keine Rechtsverordnung zur Auslegung vorsehen. Ich sehe nicht, daß

---

[13] Während das Gericht zum unstreitigen Sachverhalt von Ermittlungen überhaupt absehen soll, soll es nicht gehindert sein, nach der richtigen Auslegung zu forschen. Das ist in der Idee kein Vorgang, der Zeit in Anspruch nimmt, wenn es auch in der Entschädigungsjustiz vorgekommen ist, daß Gerichte Abgeordnete über Sinn und Zustandekommen rätselhafter Gesetzestexte vernommen haben.

es zu den gedanklichen Voraussetzungen der richterlichen Tätigkeit gehören müßte, die Tatsache, daß meist mehrere Auslegungen einer Norm vertretbar erscheinen, *prinzipiell* zu dissimulie-
ren. Sachgründe mag es geben: bei *belastenden* Normen etwa
könnte die zu günstige Auslegung die Gestalt haben, daß die Voraussetzungen der Belastung zu streng verstanden werden; das
kann dann etwa die Zahl der Heranziehbaren so vermindern,
daß die Verbleibenden fühlbar härter getroffen werden. Ähnlich
vielleicht bei Erlaubnisnormen. Die vom Gericht hinzunehmende
zu günstige Auslegung mag also eine Besonderheit der Leistungsverwaltung sein. Aber deren Gebiet ist groß und ihre Aufgabe
eigenartig genug, um diesen Sonderbegriff zu tragen. Die An-
rufung des Gerichts durch den Anspruchsteller mit der Beschwer,
daß eine ihm ungünstige Normauslegung zwar vielleicht vertretbar, aber doch nicht die richtige sei, muß zwar möglich sein.
Nicht aber umgekehrt die gerichtliche Korrektur einer Auslegung,
weil sie zu günstig sei, obwohl sich niemand beschwert hat.

Das Bundesverwaltungsgericht[14] hat schon früh — für die
Leistungsseite des Lastenausgleichs — erkannt, daß soweit das
Gesetz unbestimmte Rechtsbegriffe verwende, generelle Regelungen der Oberbehörde aus Gleichheitsgründen bindend sein müßten, soweit sie nicht geradezu rechtlich fehlerhaft seien. Das
wurde ausdrücklich so gesehen, daß nicht etwa nur eine einzige
Auslegung des Gesetzes richtig sei und nur eine ihr folgende
allgemeine Regelung der Oberbehörde bindend sein könne, sondern daß die Oberbehörde ein Ermessen habe: ihre Regelung sei
bindend, wenn sie sie in die Grundgedanken des Gesetzes ein-
passe und sie in den damit bestimmten Grenzen des Ermessens
halte.

Dem ist zuzustimmen, aber auf die Auslegung unbestimmter
Rechtsbegriffe ist es nicht zu beschränken. Es muß vielmehr in der
Leistungsverwaltung überall gelten, wo ein Spielraum vertret-
barer Auslegungen besteht. Wird anders verfahren, so büßt der
Kläger den Anspruch aus einem Grund ein, aus dem ihn niemand
verliert, der nicht klagen muß. Diesen Schaden an der Gleichheit
ist das Dogma, nur der Richter wisse unter den vertretbaren Auslegungen die richtige, nicht wert.

---

[14] E 2, 163.

Daß günstige Auslegungen, die im vollen Sinn generellen Charakter haben, also im gesamten Bundesgebiet der Verwaltung vorgeschrieben sind, außerhalb des vertretbaren Rahmens ergangen sein könnten, ist unter unseren Verhältnissen nicht denkbar. Dennoch hält der Bundesgerichtshof daran fest, daß die günstigen Auslegungen des Bundesentschädigungsgesetzes, die vor 5 Jahren in einer Ländervereinbarung festgesetzt worden sind, nicht das Richtige getroffen hätten und für ihn daher nicht existieren. Die Folge ist auch hier wieder die, daß die Parteien, die in einem solchen Fall wegen eines anderen Punktes vor Gericht gehen, ohne Entscheidung ihres Streites heimgeschickt werden. Für den Anspruchsteller, der nun etwa vom Verdacht der Unglaubwürdigkeit sich nirgends reinigen und allein deshalb nichts erhalten kann, ist das eine kaum verwindbare Situation. Aber sie ist auch unerfeulich für die Verwaltung, die weiß, daß ihr Bescheid das letzte Wort und sie damit Richterin in eigener Sache ist.

Genug hiervon. Ich habe die Doppelthese zu entwickeln versucht, daß die Leistungsverwaltung für ihre generellen günstigen Tatsachenwürdigungen und ihre generellen günstigen Gesetzesauslegungen Freiheit von gerichtlicher Nachprüfung beanspruchen darf. Das bedarf nun noch einer Ergänzung, Stichwort: *ersetzender Zweitbescheid;* bisher hatten wir nur den Fall im Auge, daß die Verwaltung erstmals entschieden hatte.

3. Der interessante Falltyp ist hier, beim ersetzenden Zweitbescheid, der, von dem ich ausging, daß nämlich die Verwaltung im Tatsächlichen oder in der Gesetzesauslegung glaubt, klüger geworden zu sein und sich deshalb an eine neue generelle Richtlinie günstiger Art bindet, *und* daß diese neue Richtlinie nun nicht etwa die Mißbilligung der zugeordneten Justiz findet, sondern unbeurteilt bleibt oder sogar gutgeheißen wird, ja daß die Richtlinie geradezu die Verwaltungspraxis gemäß der nun vorhandenen festen Rechtsprechung umgestellt hat. Man könnte meinen, da sei doch alles in bester Ordnung. Es ist es nicht. Eine sich dem Gleichheitsgebot verpflichtet fühlende Verwaltung wünscht in dieser Situation, ihre neue günstige Auslegung auch auf die noch ungünstig entschiedenen alten Fälle zu erstrecken, eine sog. Angleichung vorzunehmen, sei es von Amts wegen, sei es doch wenigstens auf Antrag derer, die den Wandel bemerken.

Sie erläßt daher, diesem „legitimen Anliegen"[15] folgend, Zweit-
bescheide, die die alten ungünstigen Bescheide ersetzen. Soweit
der neue Bescheid ein günstigerer Bescheid sein kann als der alte,
ist alles gut. Aber unausbleiblich liegt es in 10 oder 20 % der
Fälle nun so, daß auch der neue Bescheid nicht günstig sein kann,
weil dem ein weiterer Grund entgegensteht. Dieser Grund kann
beim ersten Bescheid noch unbekannt oder doch außer Betracht
geblieben sein, oder er kann schon diesen ersten Bescheid mit
getragen haben, da aber auch der jetzt aufgegebene Grund ent-
gegenstand, hatte es für den Anspruchsteller keinen Zweck gehabt, den früheren Bescheid anzufechten. So oder so möchte die
Verwaltung jetzt, da sie den ersten Grund aufgegeben hat, über
den zweiten Grund nicht selbst Richter sein, sondern dem Anspruchsteller den Rechtsweg eröffnen, damit er vor Gericht den
verbliebenen Grund, wenn er kann, widerlege und dann in den
Genuß der jetzigen günstigen Auslegung im anderen Punkt ge-
lange. Aber die ordentliche Wiedergutmachungsjustiz nimmt
diese Klagen nicht an. Es stehe zwar im Ermessen der Verwaltung, jederzeit einen ungünstigen durch einen günstigen Bescheid
zu ersetzen. Aber das sei ein Gnadenakt, gegen dessen Versagung
es keinen Rechtsschutz gebe, nicht einmal eine Gerichtskontrolle
auf Ermessensfehler.

Wenn es freilich so liegt, daß der frühere Bescheid angefochten
war und dann durch rechtskräftiges *Urteil* bestätigt wurde, dann
halten auch das Bundessozial- und das Bundesverwaltungsgericht
einen rechtsschutzfähigen Zweitbescheid nicht mehr für möglich[16].
Aber das Bundesverwaltungsgericht hält dann überhaupt keinen
Zweitbescheid mehr für möglich, auch nicht als justizfreien
Gnadenakt. Wenigstens das Ärgernis, daß es, wie man lesen
kann, im Belieben der Behörde steht, ob sie das rechtskräftig Ab-
erkannte doch noch zuerkennen will, tritt dann nicht auf. Dar-
überhinaus meine ich aber mit Haueisen[17] und Knoll[18], daß auch
der Ansicht, das abweisende rechtskräftige Urteil stehe einem
rechtsschutzfähigen Zweitbescheid entgegen, nicht gefolgt werden

---

[15] Bundessozialgericht E 18, 22.
[16] Das BSG nun doch, NJW 65, 605, wenn auch an die Überzeugung von
der Unrechtmäßigkeit des Erstbescheids besonders strenge Anforderungen zu
stellen seien.
[17] NJW 63, 1329.
[18] JZ 61, 532.

sollte und daß ihr ein Verständnis von Rechtskraft zugrunde
liegt, das im Sinn der Gewaltenteilung ein Mißverständnis ist.
Diese Ansicht von der Rechtskraft wird denn auch, zur Ab-
wechslung, von den Wiedergutmachungsgerichten der ordentlichen Gerichtsbarkeit nicht geteilt: der Bundesgerichtshof erklärt
in ständiger Rechtsprechung die Behörden für befugt, nach Ermessen auch im Widerspruch zu rechtskräftigen Urteilen doch
noch positiven Bescheid zu erteilen. Aber um gerichtliche Ermes-
senskontrolle bittet man ihn vergeblich, auch dann, wenn nur ein
unanfechtbar gewordener erster Bescheid vorausging. Die Un-
gleichheit der Rechtsschutzgewährung gegenüber Zweitbescheiden
tritt am krassesten hervor in der dienstrechtlichen Wiedergutmachung: Sie ist im Norden und in Berlin der Verwaltungs-, im
Süden der ordentlichen Gerichtsbarkeit zugewiesen; dort fände
die Klage wegen willkürlich versagten günstigen Zweitbescheides
das Ohr des Richters, hier hört er nicht. —

Ziel meiner Thesen ist, daß die Gerichte der Leistungsverwaltung ihre Aufgabe wesensgemäß und gemäß der Gewaltenteilung
erfassen. Ist es zuviel erhofft, daß die Justiz sich zu schade ist,
in Funktionen zu dilettieren, die im gewaltenteilenden Staat den
Rechnungshöfen zustehen? Daß sie im Leistungsstaat, in dem
nun einmal das Urverhältnis von Schuldner und Gläubiger ein
staatsbürgerliches Grundverhältnis geworden ist, die Aufgabe
des Richters wie eh und je darin sieht, den Schuldner, der nicht
zahlen will, dazu an-, nicht aber den, der es will, davon abzu-
halten[19]? Und daß die Leistungsverwaltung vor Gericht ein ihrem
Sachwissen und Gleichheitsinstinkt gemäßes Selbstbewußtsein
finde?

Sie ist eine junge Gestalt der Verwaltung, aber für sie gilt
darum doch die alte, aus Montesquieu entwickelte Maxime der
Väter der amerikanischen Verfassung: Jede der 3 Gewalten, each
department of government, must have a will of its own[20]. Ich
sehe die Parallele zu dem packenden Streit der deutschen Juristen
um die eigenständige Gesetzesauslegung im, um es zu pointieren,

[19] Vgl. jetzt für den spiegelbildlichen Fall das Urteil des Bundesfinanzhofs
Betriebsberater 65, 574: der Gleichheitssatz verbiete es, daß die Steuergerichte
entgegen einer allgemeinen ständigen Verwaltungspraxis einzelne Steuer-
pflichtige erhöht besteuern, *„ohne daß die Finanzverwaltungsbehörden das
wollen“*.
[20] The Federalist Nr. 51.

Verwaltungszweig öffentliche Klage, ein Streit, von dem ich ebenso hoffe, er möge bald dahin entschieden sein, daß die Anklagebehörde zur Anklage schreiten weder muß noch darf, wenn sie überzeugt ist, daß das Gericht zwar verurteilen würde, aber in der Gesetzesauslegung irrt. Dies Gut der eigenen Rechtsüberzeugung, auch der Leistungsexekutive muß man es unbedingt wünschen.

4. Ich wechsle nun den Aspekt: die Justiz soll nicht länger als die Gewalt erscheinen, die sich fachgerechter Gleichheit in den Weg stellt, sondern das Thema soll sein: *Gleichheitsverbesserung durch die Justiz.* Ich wende mich also der alltäglichen Situation zu, daß die Verwaltung keine Initiative entwickelt, die das Gericht als Ausdehnung des Gesetzes empfindet, sondern daß umgekehrt das Gericht angerufen ist, weil das Gesetz, so wie die Verwaltung es wortgetreu anwendet, die Gleichheit verletzt.

Wo die Verwaltung *keine* Initiative in dieser Richtung entfaltet, ist die Frage, wie weit das Recht der Leistungsverwaltung Nachbesserung seiner Rechtssätze im Sinn besserer Erfüllung des Gleichheitsgebotes *von der Justiz erwarten* kann. Es kann sie teils erwarten, teils nicht erwarten. Erwarten kann es die Nachbesserung, soweit der vorgefundene Rechtssatz noch der Auslegung zugänglich ist; das Gleichheitsgebot ist auch Norm der Auslegung. Hierbei kann nun auch die Verfassungsjustiz Hilfe zur Gleichheit leisten. Zwar kann das gewöhnliche Gericht seine Zweifel dann nicht dem Bundesverfassungsgericht vorlegen, wenn sie dahin gehen, ob ein Rechtssatz hingenommen werden muß, wie er lautet, oder ob eine verfassungskonformere Auslegung möglich ist. Eine solche Vorlage wird zurückgegeben: seht selbst zu. Aber wenn der Zweifel in der schärferen Spielart auftritt, ob eine verfassungskonforme Auslegung möglich oder aber der Rechtssatz nichtig sei, dann ist das Bundesverfassungsgericht zur Entscheidung berufen, und es kann dann dadurch Abhilfe schaffen, daß es die Nichtigkeit zwar verneint, aber dabei die Möglichkeit einer verfassungskonformen Auslegung nicht bloß offen läßt, sondern sie zeigt und bejaht. Außerdem kann der Anspruchsteller selbst mit der Verfassungsbeschwerde geltend machen, die Nichtanwendung des Gleichheitssatzes als Auslegungsnorm sei die Ursache, daß er die begehrte Leistung nicht erhalten habe.

Dagegen hat das Recht der Leistungsverwaltung von der Verfassungsjustiz eigentümlicherweise nichts zu erwarten in den schwersten Fällen, in denen der Gleichheitsverstoß eines Rechtssatzes im Wege der Auslegung nicht heilbar ist. Denn dann steht einer gerichtlichen Abhilfe entgegen, daß bestenfalls die Nichtigkeit des gleichheitswidrigen Rechtssatzes festgestellt werden könnte, daß aber aufgrund eines nichtigen Rechtssatzes der Anspruchsteller ebensowenig die begehrte Leistung erhalten kann, wie dann, wenn der Rechtssatz gültig ist und nur eben den Falltyp des Anspruchstellers gleichheitswidrig von Leistungen ausschließt. Die Tilgung eines solchen Ausschlusses, also die Inkraftsetzung einer erweiterten Leistungspflicht liegt regelmäßig außerhalb der Kompetenz der Verfassungsjustiz. „Enthält nämlich", so belehrt das Bundesverfassungsgericht, „eine Vorschrift unter Verletzung des Gleichheitssatzes eine begünstigende Regelung, so können wir grundsätzlich die Gleichheit nicht dadurch wiederherstellen, daß wir selbst anstelle des Gesetzgebers einen neuen Gesetzeswortlaut festlegen, der auch die nicht berücksichtigte Gruppe mit umfaßt. Denn der Gesetzgeber hätte möglicherweise den Rechtssatz überhaupt nicht erlassen, wenn er beim Erlaß des Gesetzes die Möglichkeit eines Konfliktes mit dem Gleichheitssatz erkannt hätte. Wir würden unzulässigerweise in die Entschließungsfreiheit des Gesetzgebers eingreifen, wenn wir eine Einschränkung der Begünstigungsnorm aufheben und damit den Kreis der begünstigten Personen erweitern würden"[21]. Ich zitiere Sätze des Gerichts, die unanfechtbar sind bei aller Merkwürdigkeit des Ergebnisses.

Merkwürdig ist das Ergebnis vor allem, wenn man die entsprechende Situation bei belastenden Rechtssätzen dagegenhält. Denn für deren verfassungsgerichtliche Annullierung kommt das genaue Gegenteil heraus, und zwar als natürliche Folge derselben Grundeinsicht, daß da, wo zwei Möglichkeiten bestehen die

---

[21] E 9, 250. Eine Vorlage nach Art. 100 GG wurde deshalb für unzulässig erklärt; die vom vorlegenden Gericht angenommene Nichtigkeit der gleichheitswidrigen Norm würde auch im Fall der verfassungsgerichtlichen Bestätigung dieser Ansicht keine Verpflichtung des Gesetzgebers begründen, die Zurückgesetzten gleichzustellen. — Anders liegt es nur, wenn die gewährende Norm erst durch ein Änderungsgesetz diskriminierend eingeengt wurde; dann bedeutet die Nichtigkeit der Änderung, daß die alte gewährende Norm in Kraft blieb.

Gleichheit herzustellen, der Richter dem Gesetzgeber die Wahl
überlassen muß. Liegt es so, daß ich gleichheitswidrig *nicht be-
komme*, was andere bekommen, so wird die Gleichheit entweder
dadurch hergestellt, daß ich in die Leistung einbezogen werde,
oder daß auch die anderen ebenso wie ich nichts bekommen; diese
zweite Möglichkeit aber würde der Richter verbauen, wenn er
aussprächte, mir stehe die Leistung zu. Ist es aber so, daß ich
gleichheitswidrig *belastet* werde, wo andere unbelastet bleiben,
so kann die Gleichheit zwar auch da wieder auf zweierlei Weise
hergestellt werden: entweder indem auch ich freigestellt werde,
oder indem auch die anderen belastet werden. Hier aber greift
der Richter, wenn er mich freistellt, keiner der beiden gesetz-
geberischen Möglichkeiten vor: daß ich durch den Richter jetzt
freigestellt werde, hindert den Gesetzgeber weder, anschließend
mich samt den anderen zu belasten, noch auch, die anderen gleich
mir unbelastet zu lassen. Dieser Unterschied zwischen der für die
Legislative präjudiziellen Wirkung des nur freistellenden und
derjenigen des begünstigenden Richterspruchs ist der Grund,
warum wir das Bundesverfassungsgericht mit vielen Gleichheits-
streitigkeiten über Abgaben befaßt und es da auch vieles korri-
gieren sehen, warum dagegen im Recht der Leistungsverwaltung
von der Verfassungsjustiz kaum die Rede ist. Während den
Finanzgesetzgebern der Gedanke an die Verfassungsgerichtsbar-
keit den Schlaf rauben kann, haben für die gesetzgebenden Des-
poten aller Zweige der Leistungsverwaltung drohende Gleich-
stellungsprozesse keinerlei Schrecken[22].

Nichts gilt in diesen Dingen mit voller Einseitigkeit. So hat auch
das BVerfG die Möglichkeit anerkannt und gelegentlich prakti-
ziert, daß sich bei einem begünstigenden Rechtssatz, der gleichheitswidrig einen Falltyp ausschließt, die Nichtigkeit auf diesen
Ausschluß beschränken läßt, so daß bei dessen Annullierung der
Rechtssatz selbst in einem Wortlaut bestehen bleibt, der den bisher ausgeschlossenen Anspruchtyp einschließt. Dann kann der
Richterspruch das Recht auf gleiche Leistung herstellen. Das hat
aber bisher nur zu unbedeutenden Korrekturen geführt[23] und

---

[22] Seit den wiedergutmachungsrechtlichen Entscheidungen E 17, 122 und
Beschluß vom 12. 1. 1965 zu § 31 h BWGöD sieht das etwas anders aus.

[23] E 17, 122 hat offenbar dem BGH die Weisung erteilen wollen, ohne eine
Nachbesserung durch den Gesetzgeber abzuwarten selbst das Gesetz so, wie

kann zu mehr auch schwerlich führen. Denn es würde voraussetzen, daß der Gesetzgeber entweder bei Beachtung des Gleichheitssatzes seine Leistungsnorm so und nicht anders fassen *mußte*, oder daß er zwar eine Variationsbreite hatte, daß aber feststeht, er würde faktisch die Norm so und nicht anders gefaßt haben.

Unter den Gesichtspunkten der heutigen Betrachtung zeigt sich schließlich noch eine letzte Möglichkeit, wie die Verfassungsjustiz zur Gleichheit der Leistungsgewährung helfen kann. Wenn die Verfassungsjustiz eine gewährende Norm weder vorfindet noch schaffen kann, so könnte sie doch noch erkennen, unter dem Gleichheitsgebot erscheine der Gesetzgeber nicht nur verpflichtet, positiv oder negativ Gleichheit herzustellen[24], sondern positiv innerhalb eines Spielraums eine gewährende Norm zu schaffen.

Sie könnte dann zusätzlich die Möglichkeit wahrnehmen, den vor sie gelangten Rechtsstreit einstweilen stillzulegen, also seine Aussetzung anzuordnen, bis der Gesetzgeber Gelegenheit gehabt haben werde, einen die Gleichheit herstellenden Rechtssatz zu erlassen. Die verfassungsrechtliche Untätigkeitsklage, wie man es genannt hat, würde so zu einem der Gewaltenteilung entsprechenden begrenzten, aber bedeutsamen ersten Ziel geführt werden können. In einem besonderen Fall hat das Verfassungsgericht vor einiger Zeit auch in der Tat das in der Sache zuständige Gericht angewiesen, mit der Entscheidung innezuhalten. Der Fall lag so, daß das Verfassungsgericht zwar nur eine einzige Lösung für gleichheitsgemäß erachtete, trotzdem aber eine technische Schwierigkeit sah, die es an eigener Ergänzung hinderte[25].

5. Der Leistungsverwaltung sei das Ermessen im Grunde fremd, so kann man hören, wie man das gleiche auch von der Abgabenverwaltung hören kann. Und gar ein Tatbestandsermessen könne es nicht geben. Meine Überlegungen entspringen dem Zweifel an solchen Sätzen. Es dient ihnen zur Abrundung, wenn

---

es hätte lauten müssen, anzuwenden. Davon ist aber der Beschluß vom 12. 1. 1965 zu § 31 h BWGöD abgerückt. Nur die Feststellung der Gleichheitsverletzung erscheine möglich.

[24] Nach dem Beschluß vom 12. 1. 1965 darf man annehmen, daß das BVerfG für eine Entscheidung dieses Inhalts das Rechtsschutzinteresse bei Verfassungsbeschwerden gegen gerichtliche Entscheidungen bejahen wird, auch wenn es bei dem Standpunkt von E 9, 250 (oben S. 27) gegenüber vorlegenden Gerichten bleiben sollte.

[25] E 15, 46.

ich sie nun noch auf den *Vergleich über Leistungsansprüche* aus-
dehne.

Unter den Verfahrensmaximen sind die Untersuchungsmaxime
und die der Parteidisposition über den Streitgegenstand zwar
nicht gerade unvereinbar, aber doch kann es da, wo die Parteien
über den Streitgegenstand voll verfügen können, nur unter Ge-
waltsamkeiten mit der Untersuchungsmaxime wirklich streng
genommen werden. Als Kern der Parteidisposition darf die Befugnis der Parteien gelten, sich über den Streitgegenstand zu ver-
gleichen.

Im Bundesentschädigungsgesetz steht hierzu der kürzeste Para-
graph des ganzen Leistungsrechts, § 177, der nur aus drei Worten
besteht: Vergleiche sind zulässig. Die Bestimmung aus dem Jahr
1953 war die bündige Verabschiedung althoheitlicher Vorstellungen, die sich auch in diesem Bereich sehr empfohlen hielten.
Aber hier, wo so viel Elementares zusammenkommt, was man
weder genau wissen, noch mit Beweisregeln meistern kann, fand
der Gesetzgeber den Mut zur Radikallösung. Es gibt keine Einschränkung auf das, worüber die Parteien verfügen können, sie
können über alles verfügen, worüber Gläubiger und Schuldner
sich einigen können. Es gibt auch keinen Typenzwang der Art,
daß sie sich nicht auch auf Leistungen zwischen den Tarifstufen,
auf Einstufung zwischen zwei Beamtenkarrieren einigen könnten. Und es gibt vor allem nicht den Satz, daß man sich nur über
die Folgen, nicht aber über das Vorliegen des Tatbestandes einigen
könne. Es ist damit der Satz, daß es ein Tatbestandsermessen
nicht geben könne, praktisch aufgegeben[26]. Soweit die Verwal-
tungsgerichte bisher den Gedanken an ein Tatbestandsermessen
außer bei unbestimmten Rechtsbegriffen fast sakrilegisch finden[27],

---

[26] Man kann dabei zugeben, daß der Vergleich, der ja seiner Definition
nach eine Ungewißheit voraussetzt, mit dieser Ungewißheit nicht ganz auf
dieselbe Art verfährt, wie es eigentliches Tatbestandsermessen täte: Juristischer
Feinsinn kann einen Unterschied machen, ob ich als Sachbearbeiter sage: Daß
das Lager X haftähnlich war, ist nicht sicher, aber wahrscheinlich, deswegen
ist ein Vergleich mit kleinem Abschlag angezeigt, oder ob ich mich vollends
erkühne zu sagen, die Haftähnlichkeit könne man so oder so ansehen, ich sehe
sie so an und zahle ganz. Aber großen Kopfzerbrechens ist diese Nuance
nicht wert.

[27] BVwG E 7, 179: Es sei durchaus *nicht* so, daß das Verwaltungsgericht
an die Beweiswürdigung der Verwaltungsbehörde wie bei Ermessensentschei-
dungen gebunden wäre und sie nur dann beanstanden könne, wenn die Be-

darf man ihnen sagen, daß das Sichvergleichen im Entschädigungsrecht eben darauf hinausläuft und sich bewährt hat, wie es ja auch auf der Abgabenseite in jenen sekreten Vorgängen, die man die Schlußbesprechung oder die Vorschlußbesprechung nach der Betriebsprüfung nennt, seit je sinnvoll geübt wird.

Die Finanzverwaltung hat übrigens in ihrer Eigenschaft als ausführende Verwaltung für das Bundesrückerstattungsgesetz noch einen bemerkenswerten Spezialtyp des Vergleichs entwickelt. Bei ihm werden Ungewißheitsgrade bei Anspruchsvoraussetzungen unmittelbar in Abzugsquoten an der gesetzlichen Leistung umgewandelt. Ob deine Habe nach Deutschland verschleppt wurde, sagt man dem Verfolgten aus dem einst besetzten Land, weißt du nicht und wissen wir nicht, aber man weiß, daß 55 % solcher Hausräte nach Deutschland gelangt sind. Darum bieten wir dir wie jedem deiner Schicksalsgenossen 55 Prozent. Ich finde, es ist eine beherzte Methode, bei sonderbarem Gesetzesbefehl im Ergebnis eine Art Gerechtigkeit herzustellen.

Der oberste Richter der allgemeinen Verwaltungsgerichtsbarkeit hat vor einiger Zeit[28] entgegen dem Bedenken eines jungen Gelehrten ausgesprochen, der Vergleich im Verwaltungsprozeß sei Ausdruck der schlichtenden Tätigkeit des Verwaltungsrichters, die man nicht hoch genug veranschlagen könne. Dem möchte ich freudig zustimmen, mit der Erweiterung, daß das, was die Parteien von dem Richter gewärtigen in dem einen Fall, in dem sie ihn anrufen, ihnen auch hilfreich ist in den neun anderen, in denen sie sich den Richter und was er sagen würde, nur vorstellen. Der Vergleich im außerprozessualen Verfahren wird übrigens in Entschädigungssachen wirklich in jener schlichten Briefform geschlossen, die immer schon die Form des Verwaltungshandelns in Amtshaftungssachen war und der ich exemplarischen Symbolwert für den werdenden staatsgenossenschaftlichen, die Reste hoheitlicher Gebarung hinter sich lassenden Typ der Leistungsverwaltung zuschreiben möchte.

---

hörde von ihrer Entscheidungsfreiheit bei der Beweiswürdigung nicht im Sinne des Gesetzes Gebrauch gemacht habe.

[28] WERNER in der Rezension von BULLINGER, Vertrag und Verwaltungsakt, Betriebsberater 63, 1064.

III.

Hiernach noch ein paar

Schlußbetrachtungen im Anblick unseres Leistungsstaates

Gierke hat die Deutschen zu den eigentlichen Rechtsvölkern gezählt, und wenn man das im Guten wie im Schlimmen nimmt, wird es dabei ja wohl auch geblieben sein. Unter den Hervorbringungen dieses Rechtsgeistes wird der Auf- und Ausbau der Bundesrepublik zu einem seriösen Leistungsstaat nach Fleiß und technischem Verstand einmal zum Nennenswerten zählen, zumal wenn man die erschwerten Bedingungen, die freilich zugleich fast ebensoviele Impulse waren, in Rechnung zieht: Kriegsverwüstung, Vertreibung, Besetzung, Wiedergutmachung und dies alles in der biologischen Verfassung der Staatszerschneidung. Wir wissen auch, daß wir uns jedenfalls in dieser Hinsicht noch etwas zutrauen dürfen. Kaum gegründet, hat die Bundesrepublik den Lastenausgleich als ein Programm auf 30 Jahre beschlossen mit dem Zieljahr 1979, und guten Gewissens konnte man als Jurist in seine Auslandskorrespondenz immer wieder einfließen lassen, zwar sei viel von dem, was wir seit unserer Befreiung von Hitler tun, und auch vieles, was wir seitdem in unsere Gesetze geschrieben haben, sehr schwer zu erklären, aber darauf könne man sich verlassen, wenn wir überhaupt am Leben bleiben, werde das, was wir uns da vorgesetzt haben, auch mit der ganzen pedantischen Konsequenz, die unser Staatsgebaren charakterisiert, präzis und fristgemäß ausgeführt werden.

Das Wesen unserer Staatlichkeit hat sich mehrmals in historisch kurzer Zeit gewandelt. Vor 300—400 Jahren überwältigte uns ein Pathos der Glaubensstaatlichkeit, das uns als einzige der großen Nationen in eine Vielzahl glaubensgetrennter Staaten auseinanderfallen ließ. Daraus erwuchs ein Zeitalter besonders heftiger Nationalstaatlichkeit, und zwar auch wieder im Pathos der einzelnen deutschen Staatsbildungen gegeneinander. Nun werden wir wohl auch im Stil der Sozialstaatlichkeit etwas besonderes hervorbringen, unter dem Antrieb ihrer beiden Hauptimpulse, der notabwendenden gemeinsamen Daseinsvorsorge überhaupt für so viele Menschen und dem Antrieb der sozialen Gerechtigkeit, der uns eben doch, bei allem bloßen Habenwollen der Gruppen, innerlich in Atem hält und den der Wettbewerb der Systemideologien, an dessen Front wir stehen, obschon halb verborgen, leidenschaftlich verstärkt. Ich verfolge gern in Gedanken zurück, wie schon der Auslöser des Zeitalters unserer Glaubensstaatlichkeit, Luther, die Vision der beiden nachfolgenden Zeitalter hatte, der National- und der Sozialstaatlichkeit, wenn er den Fürsten seiner Zeit riet, statt der Greifen oder Bären ein Brot in ihr Wappen zu setzen. Nun sind wir also ein solcher Brotstaat, eine staatliche Wirtschaftsgenossenschaft geworden[29], die das individuell Erarbeitete als ein Gemeinsames ansieht, dessen endgültige Verteilung in die Hand zu nehmen und zu verantworten ist.

Es werden freilich auch die warnenden Stimmen jetzt immer häufiger. Als Max Weber die zu seiner Zeit noch so bescheidenen Fundamente unseres werdenden Sozialstaates betrachtete, gab er zu bedenken: Wir bauen die künftigen Gehäuse unserer Hörigkeit. Einer der Gelehrten des Leistungsrechts hat im letzten Jahr formuliert: Die staatliche Wohlfahrt erdrückt uns, nicht die Polizei. Nun haben uns zu Neujahr zwei oberste Diener unseres Staates zugleich vor dem wachsenden Leistungsstaat gewarnt: der Präsident des Bundesverfassungsgerichts aus Sorge für die Stabilität des wirtschaftlichen Systems, das die Last der öffentlichen Leistungen tragen soll; der Bundespräsident aber aus der tieferliegenden Sorge, daß die Devise: alle eure Sorge werfet auf den Staat, notwendig den Obrigkeitsstaat neu heraufbringen müsse. Er hat dabei das einprägsame Märchenmotiv eines unserer Publizisten aufgenommen, neben dem Tischlein-deck-dich erscheine dann eben auch der Knüppel-aus-dem-Sack.

Man muß die Warnungen bedenken, aber nicht glauben, daß das unbedingt wahr sein muß. Es könnte auch gut gehen, es könnte das Gebotene sein, trotzdem sein Vertrauen auf den Leistungsstaat und seinen Aus- und Umbau zu setzen. Die entscheidenden Bruchteilszahlen, die auf den Leistungsaufwand ent-

---

[29] Man kann auch sagen: ein ganz und gar praktisches Gemeinwesen geworden, und der Hinweis WERNERS (für den 43. Juristentag) darf uns wohl nachhaltig beschäftigen, wie kurz die Zeit zurückliegt, daß auch die Kodifikationen des nationalen Rechts noch vorwiegend der herrscherlichen oder nationalen Gloire zu dienen hatten, während nun bei allen kodifikatorischen Bestrebungen nur der eine moderne Stolz zum Ausdruck komme, der Stolz darauf, praktisch zu sein.

fallenden Quoten vom Sozialprodukt und von der Summe aller
Abgaben, sind dank der unerhörten Produktionssteigerung stabil
geblieben. Auch den Obrigkeitsstaat trifft der, der viel mit Behörden zu tun hat, eher in zähen Rudimenten als in bedenklichen
Neubildungen an. Der Genosse Anspruchsteller sucht den Genos-
sen Sachbearbeiter auf, das ist in unserer Staatsgenossenschaft
keine ideologische Sage, sondern täglicher Befund. Aber sei die
Doppelgefahr für Stabilität und Charakter des Systems wie immer einzuschätzen: wenn man keine Alternative sieht, muß man
so handeln, als ob es gut gehen könne. Dazu gehört dann als Wich-
tigstes, daß man seine Gedanken von diesem, gewiß wenig poeti-
schen, Gebilde nicht abzieht, sondern sich zwingt, es zu durch-
denken, und daß man willens ist, sein Grundgefüge, seine
Strukturgedanken zu einem Hauptgegenstand der politischen
Erziehung derer zu machen, die nun eben als Bürger eines Leistungsstaates ihr Leben führen werden, und die man dann wenigstens nicht *alle* nur mit dem persönlichen und kollektiven Mehr-
habenwollen beschäftigt sehen möchte, sondern in angemessener
Zahl auch ausgestattet mit einem Willen zur spezifischen Gerechtigkeit eines solchen Gemeinwesens, mit der Kenntnis der Be-
wandtnisse dieser Gerechtigkeit und entschlossen, dieser Einsicht
gemäß den eigenen Haufen in der Linie zu halten.

Was den Durchschnittsbürger dieses werdenden Leistungsstaates betrifft, so wird er freilich auch bei einer gewissen Läute-
rung der Elite doch ein wesentlich anderer sein als der, dem der
Respekt vergangener Generationen galt. Alles kann man nicht
zugleich haben. Es kann nicht mehr den unsere bisherige Jugend-
bildung durchziehenden Respekt vor der Mutter, dem Hausvater,
der Familie geben, die bei so geringen Mitteln so viele Kinder
aufzogen und sie etwas haben lernen lassen, wenn diese Mittel
nun durch die öffentliche Hand reichlich und immer reichlicher
aufgefüllt werden. Der Beamtenstand samt den angeschlossenen
Versorgungsgruppen kann sich zu leistungsgerechten Bezügen
erheben, aber notwendig entfällt damit der besondere Respekt,
der dem, wie Kant es nannte, in anständiger Armut lebenden
Staatsdiener, gar dem bitterarmen Invaliden, der Kriegerwitwe
gezollt wurde. Wir haben zu bedenken, was damit versinkt, und
ermessen gewiß noch nicht, wie viel das bedeutet. Aber es geht
darum doch nicht an, wieder zurückzubiegen, es geht nicht einmal

an, Halt zu machen. Nachdem es verhütbar geworden ist, darf niemand mehr von seinem Vater sagen müssen, was Hebbel von dem seinen sagte: Die Armut hatte die Stelle seiner Seele eingenommen.

Nicht zu sorgen braucht man sich um den künftigen Anwendungsbereich des Sprichwortes von den Freunden in der Not. Auch wenn der wirtschaftliche Schicksalsschlag in allen seinen Spielarten vom großen Freund Leistungsstaat aufgefangen wird, so bleibt noch andersartige Not, und die Figur des Freundes, der zur Stelle war und standhaft zur Seite blieb, wird nicht wegen gewandelter Sozialstruktur versinken, sondern in ihrer natürlichen Seltenheit fortbestehen, wie auch der Anblick des Mannes selbst, den das Unglück traf, aber nicht umwarf. Aussterben wird der Mann, der sich wirtschaftlich auf alles denkbare Unglück selbst gerüstet hatte und daraufhin zu seiner Seele die bekannten Worte sprach, um dann zu hören: du Narr. Um ihn ist es aber doch nicht so sehr schade. Was aber die Persönlichkeiten anlangt, die von sich sagen konnten: ich bin unabhängig, so waren diese, für die Kultur gewiß wichtigen, Existenzen immer schon Rentnerexistenzen. Es ist zwar eine offene Frage, in welcher Zahl unser auf den Rentenmenschen angelegtes System *rüstige* Rentenmenschen hervorbringen und tolerieren wird[30], und der wohlerworbene Rechtsanspruch auf die öffentliche Rentenleistung wird auch nie ganz dasselbe sein, wie es die Rente in der Privateigentumsgesellschaft war; aber die öffentliche Rente unseres Stils, die immerhin jedenfalls nicht abhängig ist und abhängig macht von so etwas wie der Fortdauer der Gunst eines Hofes, ist als solche noch nichts, was hörige oder auch nur unselbständige Menschen hervorbringt.

Neue handfeste Aufgaben findet die Sozialpädagogik vor, auch die Sozialsatire, auch die Predigt, wenn sie sich von der Betroffenheit erholt haben wird, daß sich das, was so vielen Generationen vergeblich gepredigt wurde, plötzlich erfüllt zu haben scheint, jenes: einer trage des anderen Last. Der Mensch des Leistungsstaates existiert natürlich so gut wie jede sonstige bisherige Metamorphose des Menschen in Formen, die dem

---

[30] Man denke an den in den Wartestand getretenen politischen Beamten, oder an den nicht avancierten Berufsoffizier, der schon mit 52 Jahren die „besondere Altersgrenze" erreicht, § 45 Soldatengesetz.

Menschenbild zu Spott und Schande gereichen. Die Antriebe, die Verhaltensprämien des neuen Systems können sein Sinnen und Trachten entstellen, sein Gefühl für das wohlvollbrachte Tagewerk, für das Sinngebende in seiner Existenz deformieren. Man glaubt nicht ganz selten, das Gebet dieses Zeitgenossen zu belauschen: Und lenke alle meine Schritte, daß sie steuergünstig seien. Und laß mich keine Frist übersehen, anzumelden das Anzumeldende. Und laß mich zur rechten Zeit da etwas einzahlen, wo aus kleinem Beitrag große Leistung wird. Laß mich auch einen kleinen erweislichen Schaden nehmen da, wo die große Hand ausschütten und aus kleinem Schaden großer Lohn hervorgehen wird ... Es gibt aus dem letzten Jahr ein herzerfrischendes Urteil aus Köln, aus gehöriger Veranlassung ergangen, denn der Bundesgerichtshof als oberstes Entschädigungsgericht hat leider noch nicht erkannt, daß es der soeben belauschte Typ ist, den er prämiert und zum Maßstab eines erforderlichen Wohlverhaltens nimmt, das er sogar Verantwortung gegenüber der Gesamtheit nennt. Dem haben die Kölner Richter eine andere Vorstellung jedenfalls von demjenigen öffentlichen Gläubiger entgegengesetzt, dem die vorgesehene Leistung als Wiedergutmachung für staatliches Unrecht zusteht:

> Er braucht keine Schritte zu unternehmen, um von der deutschen Entschädigungsregelung Kenntnis zu erlangen. Denn es kann niemandem als Verstoß gegen die Pflicht zur sorgfältigen Wahrung der eigenen Obliegenheiten und damit als Verschulden angerechnet werden, wenn er nicht sozusagen ständig auf der Lauer gelegen hat, ob er irgendwann von irgendwem irgendetwas bekommen könne.

Ich will den kräftigen Richterspruch dadurch ehren, daß ich mit ihm schließe.